Impressum
Verlag: BABADADA GmbH, Nedderfeld 112 , 22529 Hamburg
Geschäftsführer / Verlagsleitung: Harald Hof
Druck: Books on Demand GmbH, In de Tarpen 42, 22848 Norderstedt

Imprint
Publisher: BABADADA GmbH, Nedderfeld 112 , 22529 Hamburg, Germany
Managing Director / Publishing direction: Harald Hof
Print: Books on Demand GmbH, In de Tarpen 42, 22848 Norderstedt

escola
l'école

sala de aulas
la salle de classe

dividir
diviser

186/2

quadro
le tableau noir

pátio da escola
la cour (de récréation)

professor
le professeur

papel
le papier

escrever
écrire

caneta
le stylo

escrivaninha
le bureau

régua
la règle

livro
le livre

aluno
l'élève

sacola
le cartable

estojo de lápis
la trousse

lápis
le crayon

apontador de lápis
le taille-crayon

borracha
la gomme

bloco de desenho
le carnet à dessin

desenho

le dessin

pincel

le pinceau

estojo de tintas

la boîte de peinture

tesoura

les ciseaux

cola

la colle

livro de exercícios

le cahier d'exercices

lição de casa

les devoirs

número

le chiffre

somar

additionner

subtrair

soustraire

multiplicar

multiplier

calcular

calculer

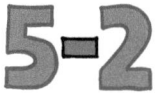

letra

la lettre

alfabeto

l'alphabet

palavra

le mot

texto

le texte

ler

lire

giz

la craie

hora

la leçon

registro da classe

le livre de classe

exame

l'examen

certificado

le certificat

uniforme escolar

l'uniforme scolaire

educação

la formation

enciclopédia

le lexique

universidade

l'université

microscópio

le microscope

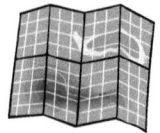

mapa

la carte

cesto de lixo

la corbeille à papier

escola - l'école

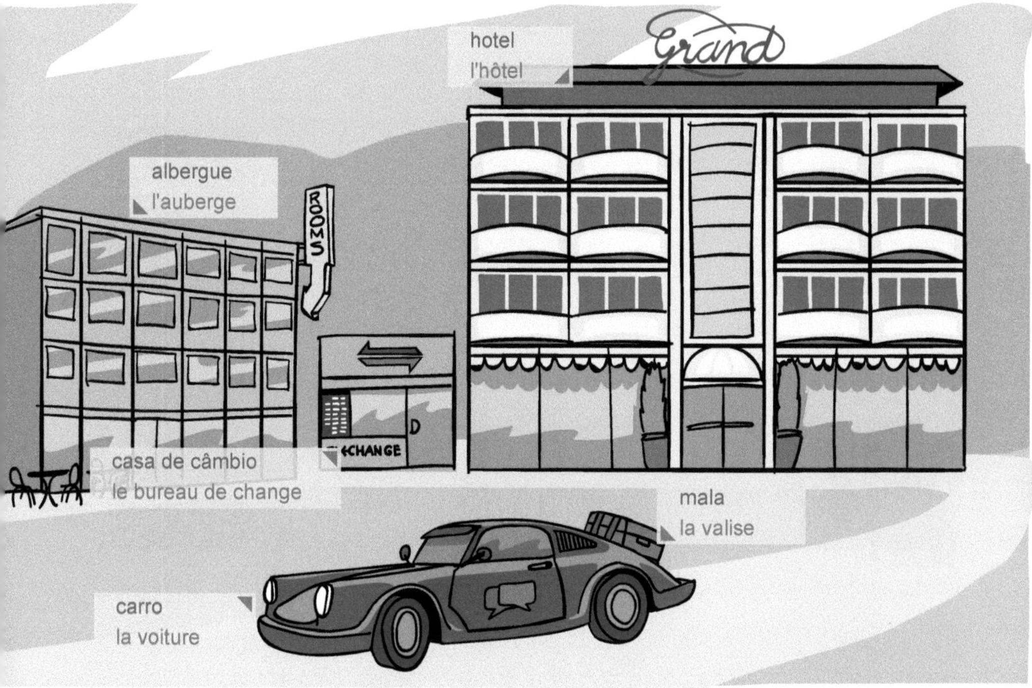

hotel
l'hôtel
Grand
albergue
l'auberge
ROOMS
CHANGE
casa de câmbio
le bureau de change
mala
la valise
carro
la voiture

idioma

la langue

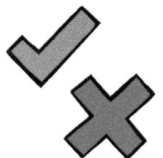

sim / não

oui / non

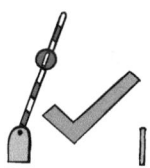

ok

d'accord

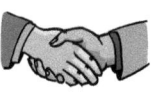

Olá

Salut

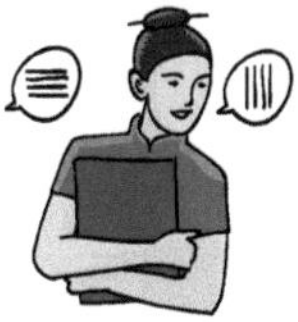

tradutor

l'interprète

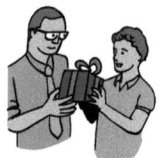

obrigado

merci

quanto custa...?

Combien coûte...?

eu não entendo

Je ne comprends pas

problema

le problème

boa noite!

Bonsoir !

Bom dia!

Bonjour !

Boa noite!

Bonne nuit !

até logo

Au revoir

direção

la direction

bagagem

les bagages

bolsa

le sac

mochila

le sac-à-dos

convidado

l'hôte

quarto

la pièce

saco de dormir

le sac de couchage

barraca

la tente

informação turística

l'office de tourisme

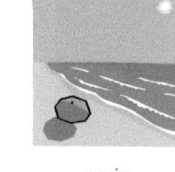

praia

la plage

cartão de crédito

la carte de crédit

café da manhã

le petit-déjeuner

almoço

le déjeuner

jantar

le dîner

bilhete

le billet

elevador

l'ascenseur

selo

le timbre

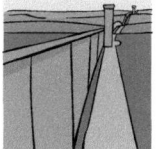

fronteira

la frontière

alfândega

la douane

embaixada

l'ambassade

visto

le visa

passaporte

le passeport

transporte
le transport

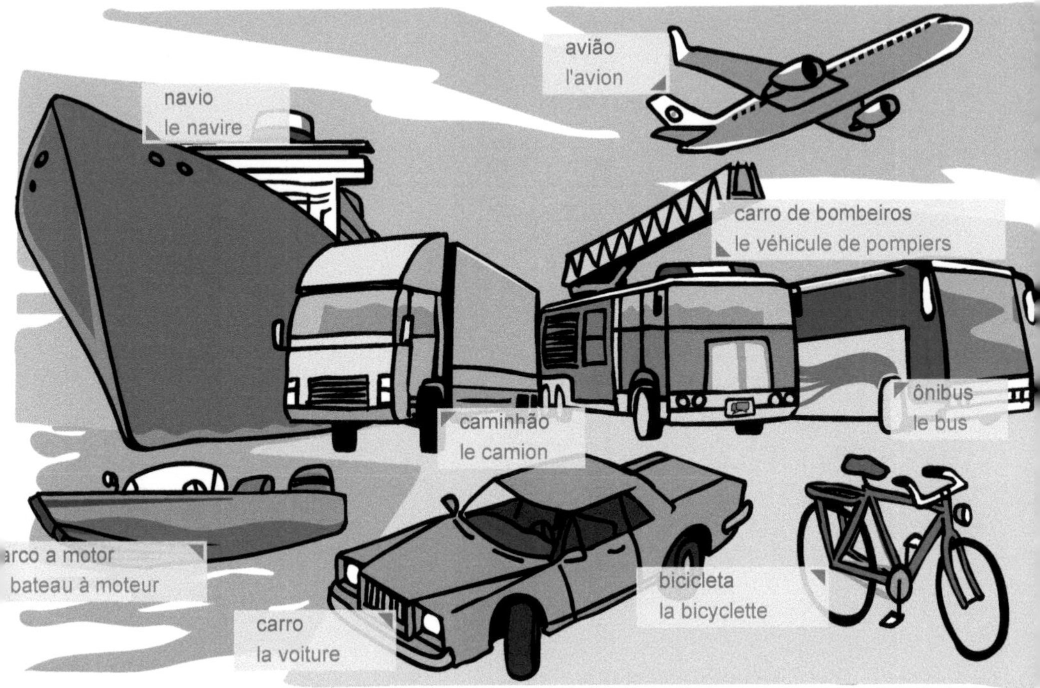

avião
l'avion
navio
le navire
carro de bombeiros
le véhicule de pompiers
ônibus
le bus
caminhão
le camion
arco a motor
bateau à moteur
bicicleta
la bicyclette
carro
la voiture

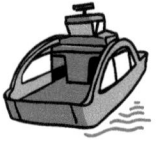

balsa

le ferry

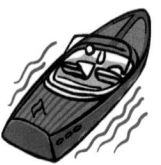

barco

la barque

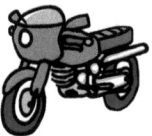

motocicleta

la moto

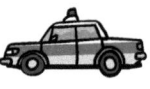

veículo policial

la voiture de police

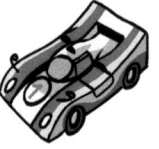

carro de corrida

la voiture de course

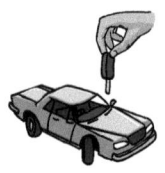

carro de aluguel

la voiture de location

compartilhamento de
automóvel
....
l'auto-partage

caminhão de reboque
....
la voiture de remorquage

caminhão de lixo
....
la benne à ordures

motor
....
le moteur

combustível
....
l'essence

posto de gasolina
....
la station d'essence

placa de trânsito
....
le panneau indicateur

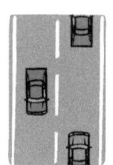

trânsito
....
le trafic

trânsito lento
....
l'embouteillage

estacionamento
....
le parking

estação de trem
....
la gare

trilhos
....
les rails

trem
....
le train

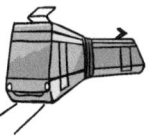

bonde
....
le tramway

vagão
....
le wagon

helicóptero

l'hélicoptère

aeroporto

l'aéroport

torre

la tour

passageiro

le passager

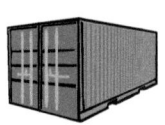

contêiner

le conteneur

cartolina

le carton

carroça

le chariot

cesto

la corbeille

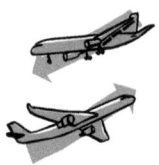

decolar / pousar

décoller / atterrir

cidade
la ville

vilarejo

le village

centro da cidade

le centre-ville

casa

la maison

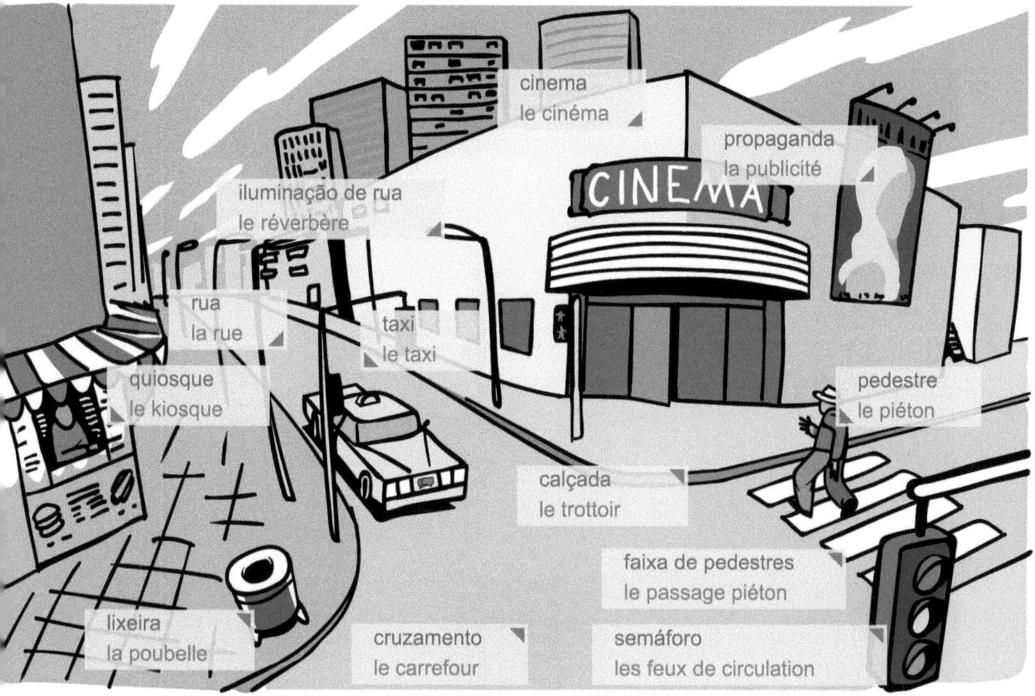

cinema
le cinéma

propaganda
la publicité

iluminação de rua
le réverbère

rua
la rue

taxi
le taxi

quiosque
le kiosque

pedestre
le piéton

calçada
le trottoir

faixa de pedestres
le passage piéton

lixeira
la poubelle

cruzamento
le carrefour

semáforo
les feux de circulation

cabana

la cabane

apartamento

l'appartement

estação de trem

la gare

prefeitura

la mairie

museu

le musée

escola

l'école

cidade - la ville

universidade

l'université

banco

la banque

hospital

l'hôpital

hotel

l'hôtel

farmácia

la pharmacie

escritório

le bureau

livraria

la librairie

loja

le magasin

floricultura

le fleuriste

supermercado

le supermarché

mercado

le marché

loja de departamentos

le grand magasin

peixaria

la poissonnerie

centro comercial

le centre commercial

porto

le port

parque

le parc

banco

la banque

ponte

le pont

escadas

les escaliers

metrô

le métro

túnel

le tunnel

ponto de ônibus

l'arrêt de bus

bar

le bar

restaurante

le restaurant

caixa de correspondência

la boîte à lettres

placa de rua

le panneau indicateur

parquímetro

le parcmètre

zoológico

le zoo

piscina

le réverbère

mesquita

la mosquée

fazenda

la ferme

poluição

la pollution

cemitério

la cimetière

igreja

l'église

parquinho

l'aire de jeux

templo

le temple

paisagem
le paysage

folha
la feuille

placa de sinalização
le panneau indicateur

caminho
le chemin

gramado
le pré

pedra
la pierre

caminhantes
le randonneur

árvore
l'arbre

rio
la rivière

grama
l'herbe

flor
la fleur

vale

la vallée

montanha

la montagne

lago

le lac

floresta

la forêt

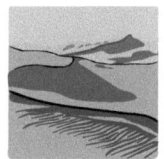

deserto

le désert

vulcão

le volcan

castelo

le château

arco-íris

l'arc-en-ciel

cogumelo

le champignon

palmeira

le palmier

mosquito

le moustique

mosca

la mouche

formiga

les fourmis

abelha

l'abeille

aranha

l'araignée

besouro

le coléoptère

sapo

la grenouille

esquilo

l'écureuil

ouriço

le hérisson

lebre

le lièvre

coruja

la chouette

pássaro

l'oiseau

cisne

le cygne

javali

le sanglier

veado

le cerf

alce

l'élan

barragem

le barrage

aerogerador

l'éolienne

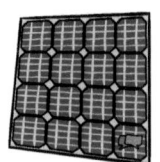

painel solar

le panneau solaire

clima

le climat

restaurante
le restaurant

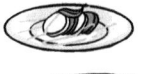

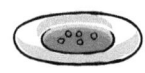

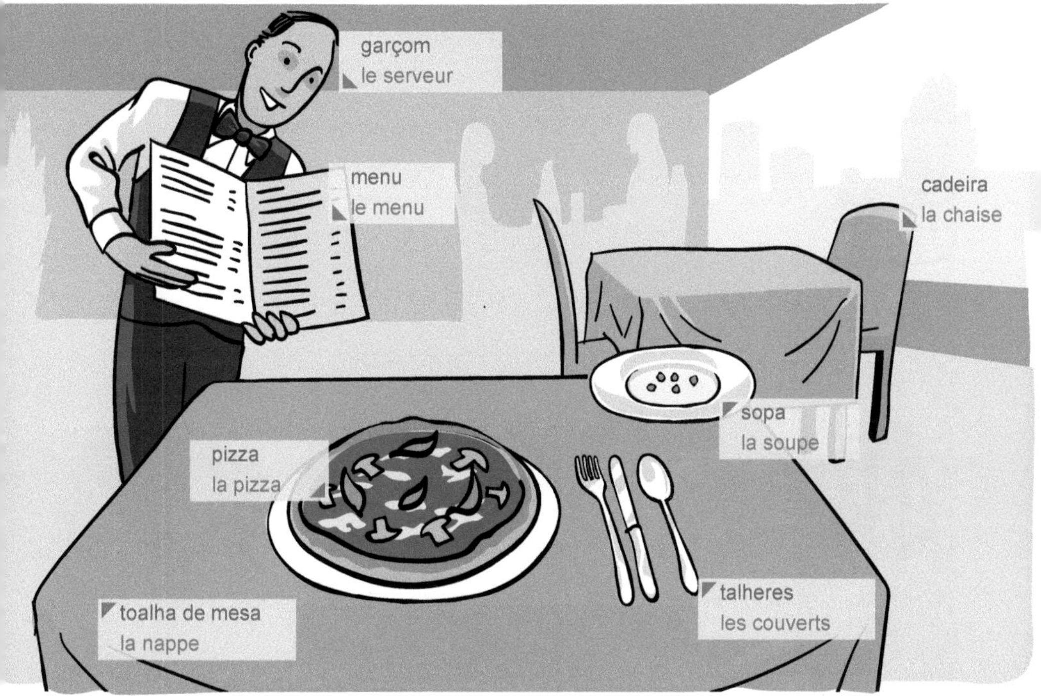

garçom
le serveur
menu
le menu
cadeira
la chaise
sopa
la soupe
pizza
la pizza
talheres
les couverts
toalha de mesa
la nappe

entrada

les hors d'œuvre

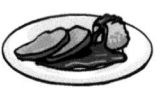

prato principal

le plat principal

sobremesa

le dessert

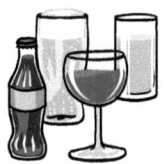

bebidas

les boissons

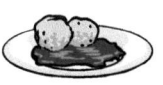

comida

l'alimentation

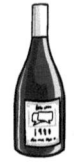

garrafa

la bouteille

fastfood

le fast-food

comida de rua

les plats à emporter

bule de chá

la théière

açucareiro

le sucrier

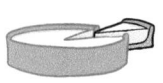

porção

la portion

máquina de expresso

la machine à expresso

cadeirão

la chaise haute

conta

la facture

bandeja

le plateau

faca

le couteau

garfo

la fourchette

colher

la cuillère

colher de chá

la cuillère à thé

guardanapo

la serviette

copo

le verre

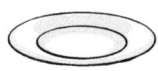

prato

l'assiette

prato de sopa

l'assiette à soupe

pires

la soucoupe

molho

la sauce

saleiro

la salière

moedor de pimenta

le moulin à poivre

vinagre

le vinaigre

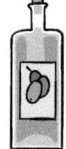

óleo

l'huile

especiarias

les épices

ketchup

le ketchup

mostarda

la moutarde

maionese

la mayonnaise

supermercado
le supermarché

oferta especial
l'offre promotionnelle
FOR
cliente
le client
laticínios
les produits laitiers
frutas
les fruits
carrinho de compras
le chariot

BUTCHERS

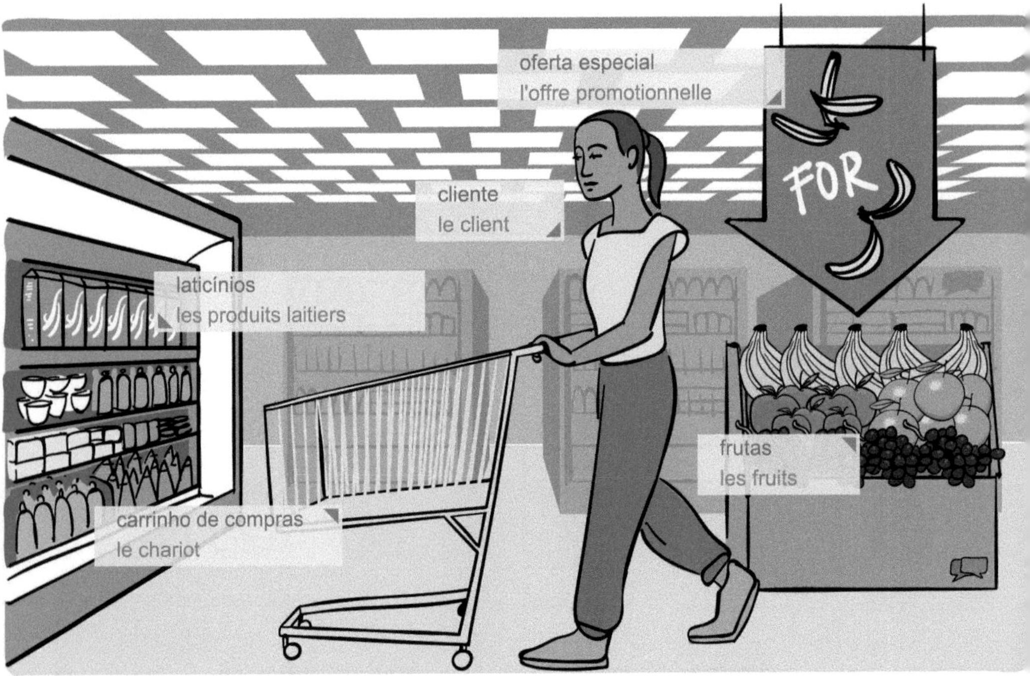

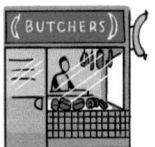

açougue
la boucherie

BAKERY

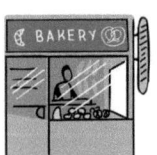

padaria
la boulangerie

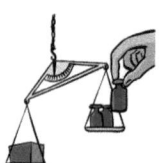

pesar
peser

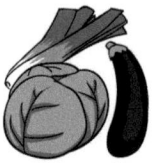

legumes
les légumes

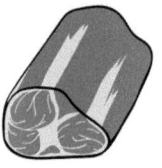

carne
la viande

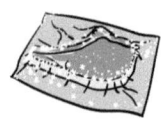

congelados
les aliments surgelés

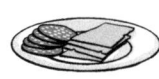

charcutaria

la charcuterie

conservas

les conserves

detergente em pó

la poudre à lessive

doces

les bonbons

artigos domésticos

les articles ménagers

produtos de limpeza

les détergents

vendedora

la vendeuse

caixa

la caisse

caixa

le caissier

lista de compras

la liste d'achats

horário de funcionamento

les heures d'ouverture

carteira

le portefeuille

cartão de crédito

la carte de crédit

sacola

le sac

saco plástico

le sac en plastique

água

l'eau

suco

le jus de fruit

leite

le lait

coca-cola

le coca

vinho

le vin

cerveja

la bière

álcool

l'alcool

cacau

le chocolat chaud

chá

le thé

café

le café

expresso

l'expresso

cappuccino

le cappuccino

banana
la banane

maçã
la pomme

laranja
l'orange

melão
le melon

limão
le citron.

cenoura
la carotte

alho
l'ail

bambu
le bambou

cebola
l'oignon

cogumelo
le champignon

nozes
les noisettes

macarrão
les pâtes

espaguete

les spaghetti

arroz

le riz

salada

la salade

batatas fritas

les pommes frites

batatas frias

les pommes de terre rôties

pizza

la pizza

hambúrger

le hamburger

sanduíche

le sandwich

escalope

l'escalope

presunto

le jambon

salame

le salami

salsicha

la saucisse

galinha

le poulet

assado

le rôti

peixe

le poisson

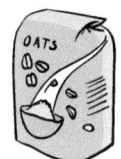

flocos de aveia

les flocons d'avoine

granola

le muesli

flocos de milho

les cornflakes

farinha

la farine

croissant

le croissant

pãozinho

les petits-pains

pão

le pain

torrada

le pain grillé

biscoitos

les biscuits

manteiga

le beurre

requeijão

le fromage blanc

bolo

le gâteau

ovo

l'œuf

ovo frito

l'œuf au plat

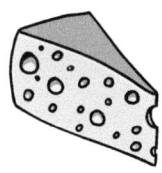

queijo

le fromage

sorvete

la glace

açúcar

le sucre

mel

le miel

geleia

la confiture

creme de avelãs

la crème nougat

curry

le curry

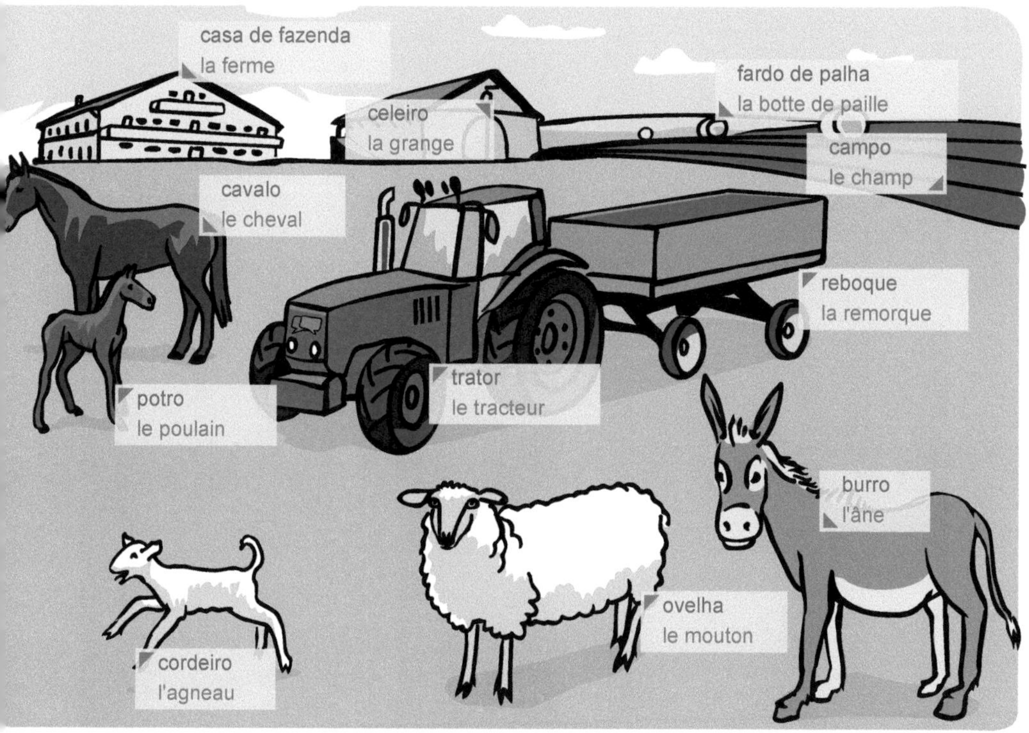

casa de fazenda
la ferme

fardo de palha
la botte de paille

celeiro
la grange

campo
le champ

cavalo
le cheval

reboque
la remorque

potro
le poulain

trator
le tracteur

burro
l'âne

ovelha
le mouton

cordeiro
l'agneau

cabra

la chèvre

vaca

la vache

bezerro

le veau

porco

le porc

leitão

le porcelet

touro

le taureau

ganso
l'oie

pato
le canard

pintinho
le poussin

galinha
la poule

galo
le coq

ratazana
le rat

gato
le chat

camundongo
la souris

boi
le bœuf

cachorro
le chien

casinha do cachorro
le chenil

mangueira de jardim
le tuyau de jardin

regador
l'arrosoir

foice
la faucheuse

arado
la charrue

foice

la faucille

enxada

la pioche

forquilha

la fourche

machado

la hache

carrinho de mão

la brouette

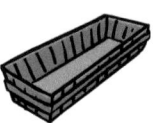

manjedoura

la cuve

jarra de leite

le pot à lait

saco

le sac

cerca

la clôture

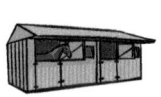

estábulo

l'étable

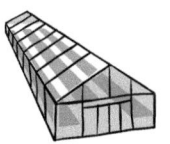

estufa

le serre

solo

le sol

semente

les semences

fertilizante

l'engrais

colheitadeira

la moissonneuse-batteuse

colher

récolter

colheita

la récolte

inhame

l'igname

trigo

le blé

soja

le soja

batata

la pomme de terre

milho

le maïs

colza

le colza

árvore frutífera

l'arbre fruitier

mandioca

le manioc

cereais

les céréales

casa
la maison

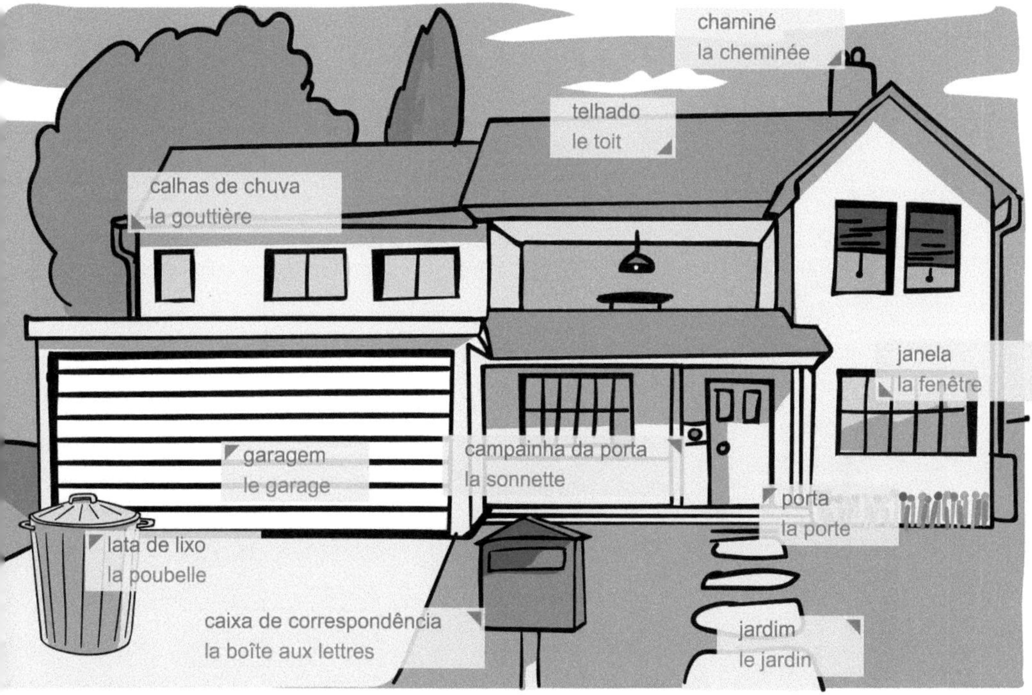
chaminé
la cheminée
telhado
le toit
calhas de chuva
la gouttière
janela
la fenêtre
garagem
le garage
campainha da porta
la sonnette
porta
la porte
lata de lixo
la poubelle
caixa de correspondência
la boîte aux lettres
jardim
le jardin

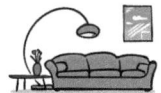

sala de estar

le salon

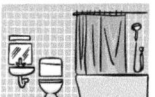

banheiro

la salle de bain

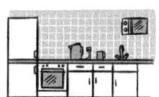

cozinha

la cuisine

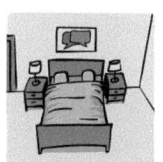

quarto de dormir

la chambre à coucher

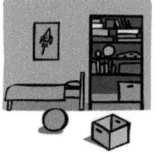

quarto de criança

la chambre d'enfant

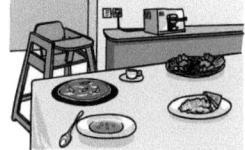

sala de jantar

la salle à manger

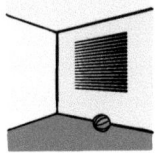

chão
....
le sol

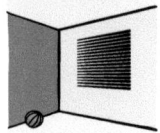

parede
....
le mur

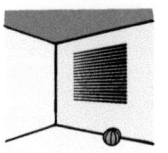

teto
....
le plafond

porão
....
la cave

sauna
....
le sauna

varanda
....
le balcon

terraço
....
la terrasse

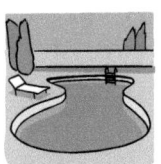

piscina
....
la piscine

cortador de grama
....
la tondeuse à gazon

lençol
....
la housse

coberta
....
la couette

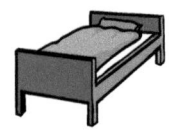

cama
....
le lit

vassoura
....
le balai

balde
....
le sceau

interruptor
....
l'interrupteur

sala de estar
le salon

papel de parede
le papier peint
quadro
l'image
lâmpada
la lampe
prateleira
l'étagère
armário
l'armoire
televisão
la télé
lareira
la cheminée
flor
la fleur
travesseiro
le coussin
sofá
le sofa
vaso
le vase
controle remoto
la télécommande

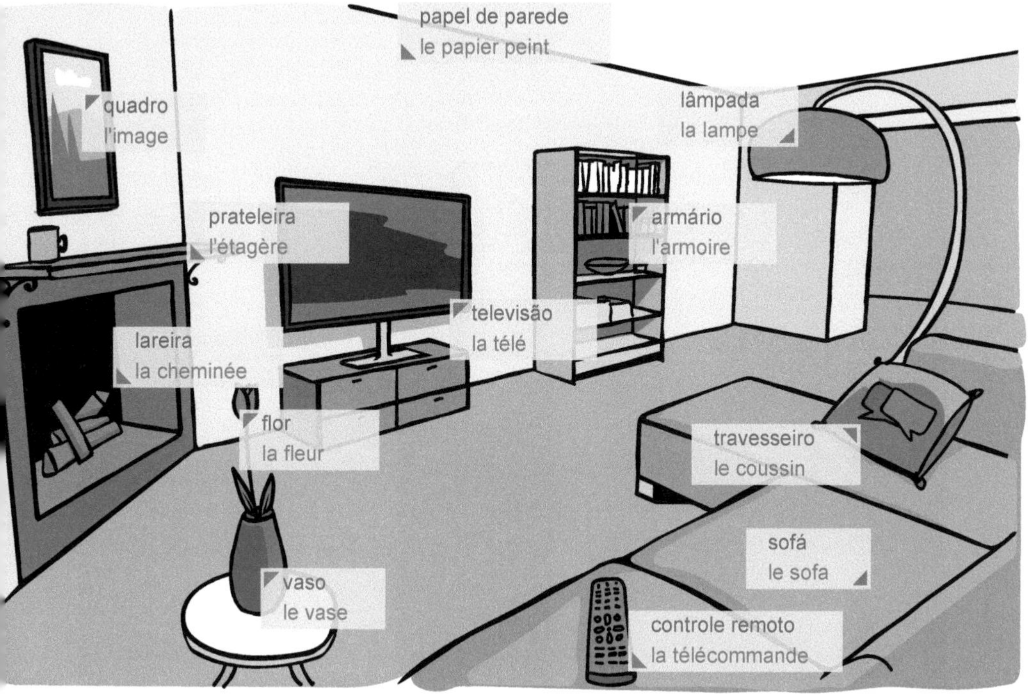

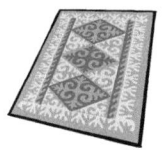

tapete

le tapis

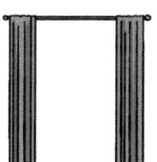

cortina

le rideau

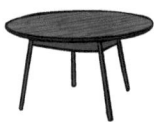

mesa

la table

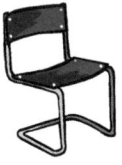

cadeira

la chaise

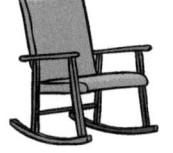

cadeira de balanço

la chaise à bascule

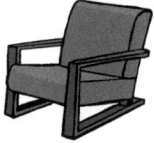

poltrona

le fauteuil

livro
le livre

cobertor
la couverture

decoração
la décoration

lenha
le bois de chauffage

filme
le film

equipamento de som
la chaîne hi-fi

chave
la clé

jornal
le journal

pintura
la peinture

pôster
le poster

rádio
la radio

bloco de notas
le bloc-notes

aspirador
l'aspirateur

cacto
le cactus

vela
la bougie

cozinha
la cuisine

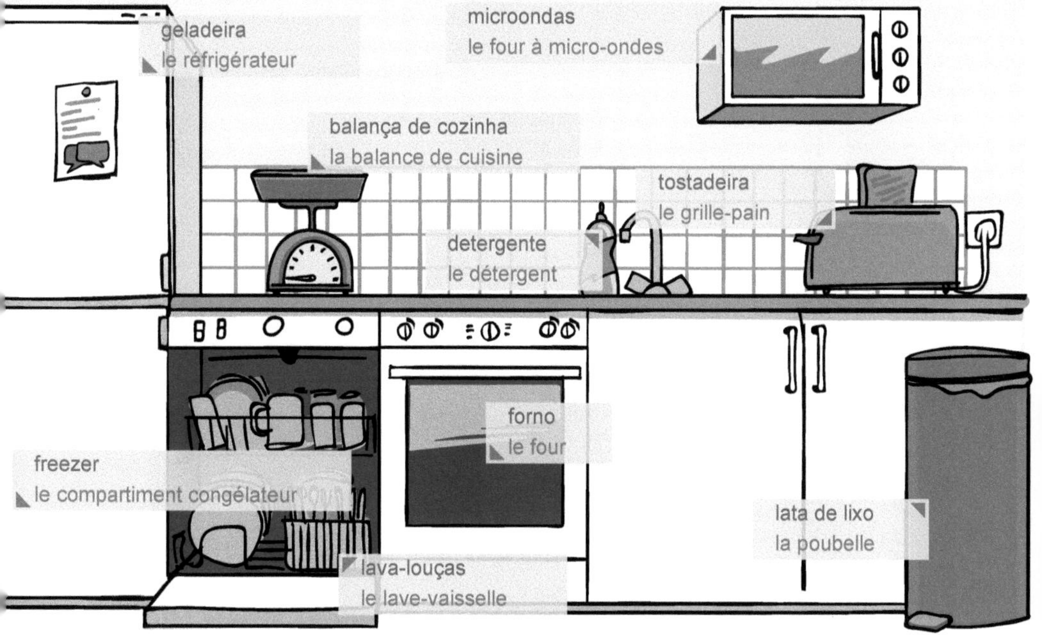
geladeira
le réfrigérateur
microondas
le four à micro-ondes
balança de cozinha
la balance de cuisine
tostadeira
le grille-pain
detergente
le détergent
forno
le four
freezer
le compartiment congélateur
lata de lixo
la poubelle
lava-louças
le lave-vaisselle

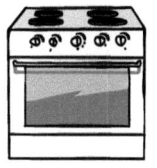

fogão

le four

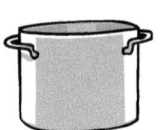

panela

la casserole

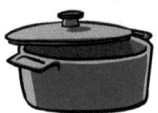

panela de ferro

la marmite

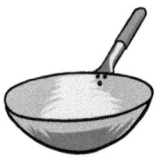

wok / kadai

le wok / kadai

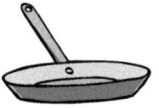

frigideira

la poêle

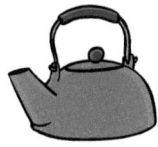

chaleira

la bouilloire electrique

panela a vapor

le cuiseur vapeur

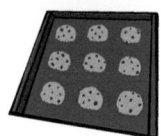

tabuleiro de forno

la plaque de cuisson

louça

la vaisselle

caneca

le gobelet

caçarola

la coupe

hashi

les baguettes

concha de sopa

la louche

espátula

la spatule

batedor

le fouet

escorredor

la passoire

peneira

le tamis

ralador

la râpe

almofariz

le mortier

churrasqueira

le barbecue

lareira

la cheminée

tábua de cortar

la planche à découper

rolo da massa

le rouleau à pâtisserie

saca-rolhas

le tire-bouchon

lata

la boîte

abridor de latas

l'ouvre-boîte

pegador de panela

les maniques

pia

le lavabo

escova

la brosse

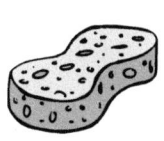

esponja

l'éponge

liquidificador

le mixeur

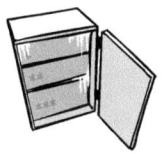

congelador

le congélateur

mamadeira

le biberon

torneira

le robinet

banheiro

la salle de bain

aquecimento
le chauffage
ducha
la douche
toalha
la serviette
cortina de chuveiro
le rideau de douche
banho de espuma
le bain moussant
banheira
la baignoire
copo
le verre
lava-roupa
la machine à laver
torneira
le robinet
azulejos
le carrelage
penico
le pot
pia
le lavabo

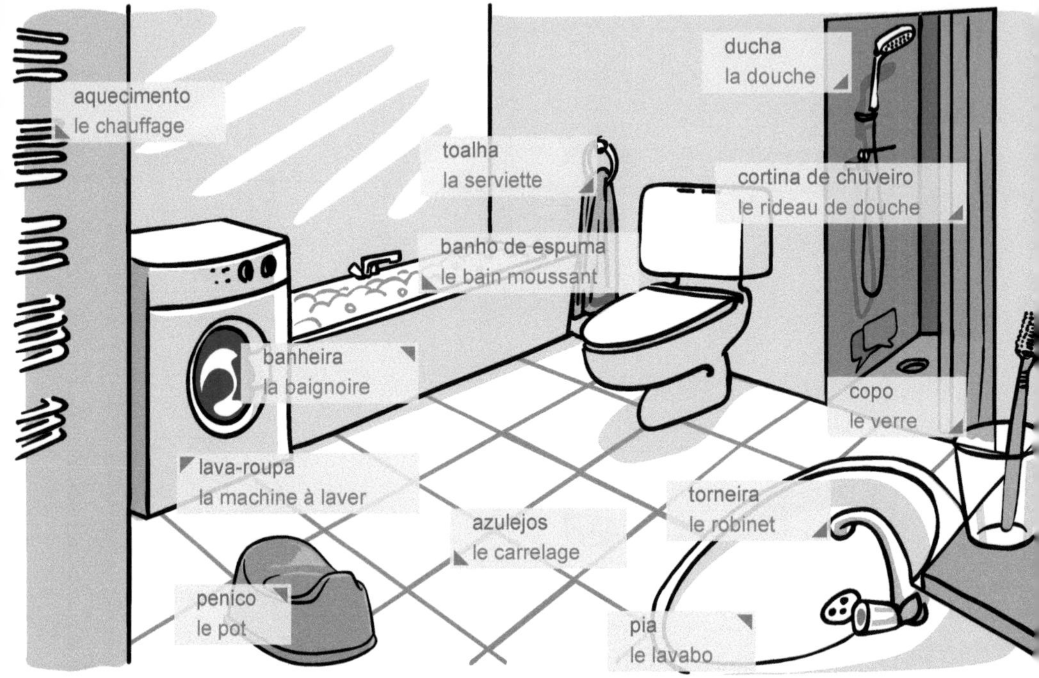

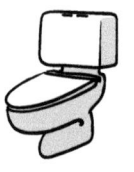

vaso sanitário

les toilettes

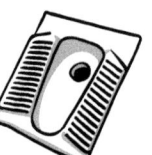

lavabo de agachar

la toilette à la turque

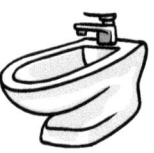

bidê

le bidet

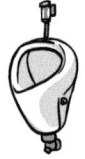

mictório

l'urinoir

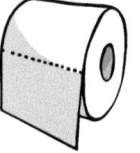

papel higiênico

le papier toilette

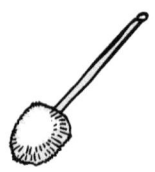

escova de privada

la brosse à toilette

escova de dentes

la brosse à dents

pasta de dentes

le dentifrice

fio dental

le fil dentaire

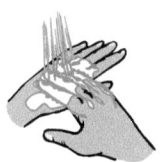

lavar

laver

ducha de mão

la douche manuelle

ducha íntima

la douche intime

bacia

la vasque

escova para as costas

la brosse dorsale

sabonete

le savon

gel de banho

le gel douche

xampu

le shampooing

toalha de rosto

le gant de toilette

escoamento

l'écoulement

creme

la crème

desodorante

le déodorant

espelho

le miroir

espelho de mão

le miroir cosmétique

barbeador

le rasoir

espuma de barbear

la mousse à raser

loção pós-barba

l'après-rasage

pente

la peigne

escova

la brosse

secador de cabelo

le sèche-cheveux

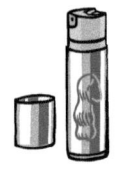

spray de cabelo

la laque pour cheveux

maquiagem

le fond de teint

batom

le rouge à lèvres

esmalte de unhas

le vernis à ongles

algodão

l'ouate

tesoura para unhas

le coupe-ongles

perfume

le parfum

nécessaire

la trousse de toilette

banquinho

le tabouret

balança

le pèse-personne

roupão de banho

le peignoir

luvas de borracha

les gants de nettoyage

absorvente interno

le tampon

absorvente íntimo

les serviettes hygiéniques

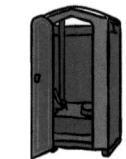

banheiro químico

la toilette chimique

quarto de criança
la chambre d'enfant

despertador
le réveil
boneco de pelúcia
le doudou
carrinho de brinquedo
la voiture jouet
chacoalho
le hochet
casa de bonecas
la maison de poupée
presente
le cadeau

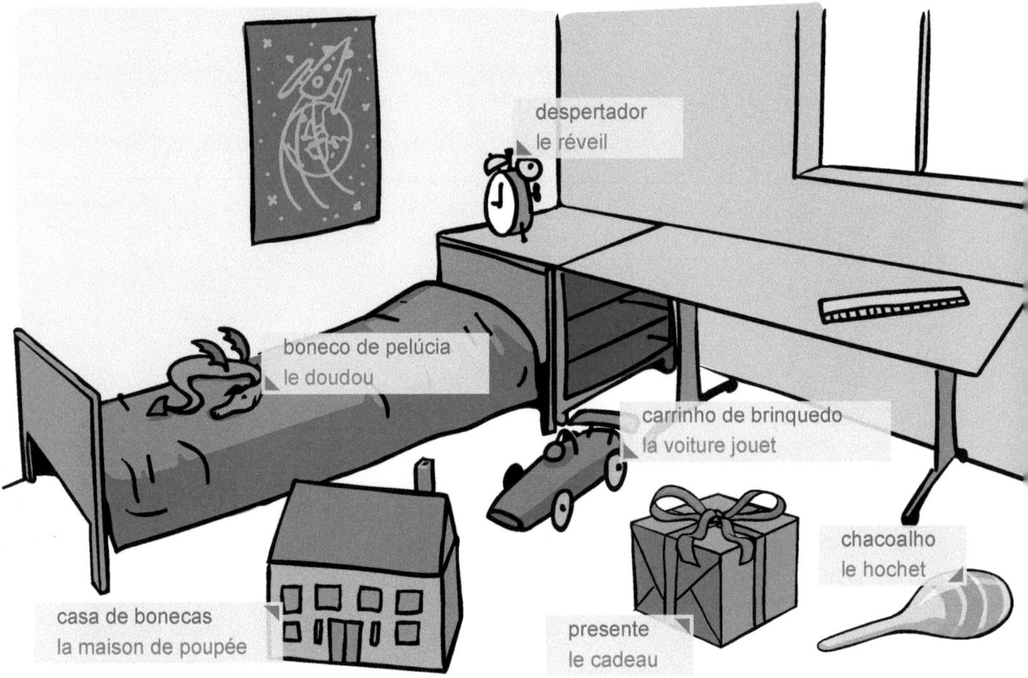

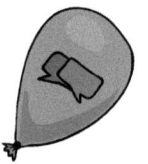

balão

le ballon

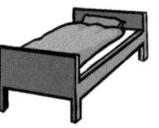

cama

le lit

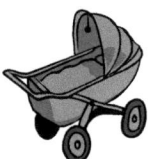

carrinho de bebê

la poussette

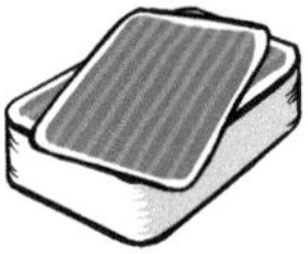

jogo de cartas

le jeu de cartes

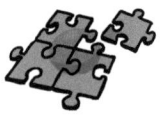

quebra-cabeças

le puzzle

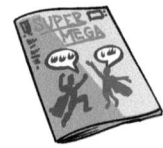

revista de quadrinhos

la bande dessinée

peças de Lego

les pièces lego

blocos de construção

les blocs de construction

figura de ação

la figurine

macaquinho de bebê

la grenouillère

frisbee

le frisbee

móbile para bebé

le mobile

jogo de tabuleiro

le jeu de société

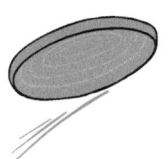

dados

le dé

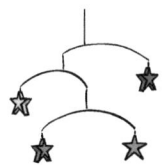

trenzinho elétrico

le train miniature

chupeta

la sucette

festa

la fête

livro ilustrado

le livre d'images

bola

la balle

boneca

la poupée

brincar

jouer

caixa de areia

le bac à sable

balanço

la balançoire

brinquedos

les jouets

videogame

la console de jeu

triciclo

le tricycle

ursinho de pelúcia

l'ours en peluche

guarda-roupa

l'armoire

vestuário

les vêtements

meias

les chaussettes

meias pelo joelho

les bas

meias-calças

le collant

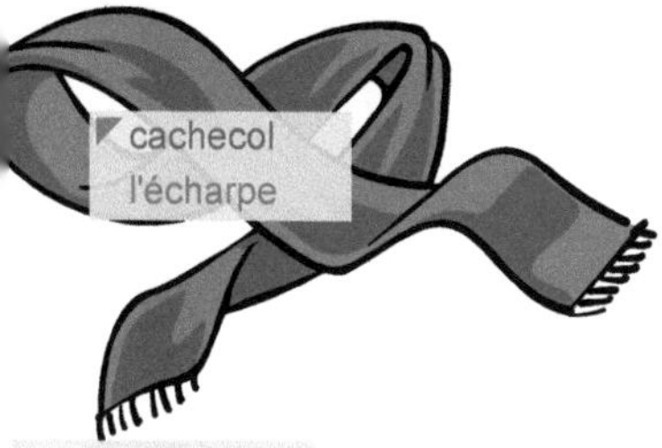

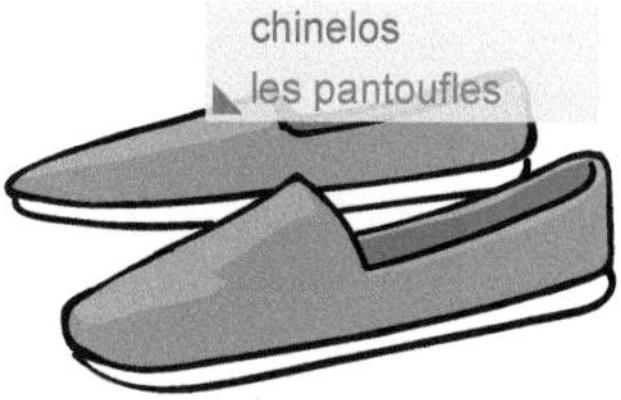

cachecol
l'écharpe

cinto
la ceinture

guarda-chuva
le parapluie

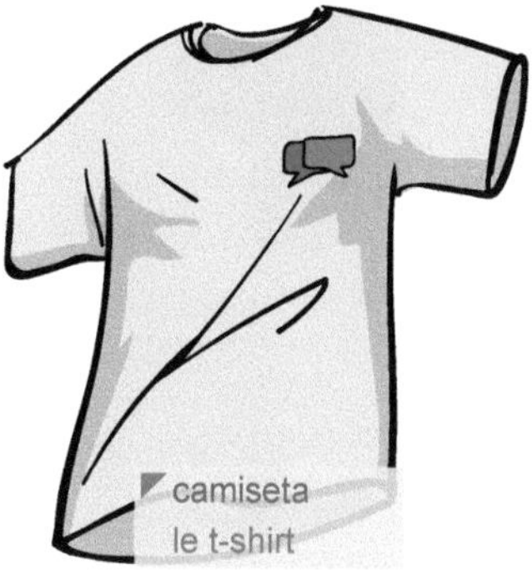

camiseta
le t-shirt

botas
les bottes

chinelos
les pantoufles

tênis
les baskets

sandálias
....
les sandales

sapatos
....
les chaussures

botas de borracha
....
les bottes de caoutchouc

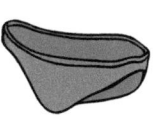

roupa de baixo
....
les sous-vêtements

sutiã
....
le soutien-gorge

camiseta de baixo
....
le maillot de corps

body

le body

calças

le pantalon

jeans

le jean

saia

la jupe

blusa

le chemisier

camisa

la chemise

pulôver

le pull

suéter com capuz

le sweat à capuche

blazer

la veste

jaqueta

la veste

casaco

le manteau

gabardine

l'imperméable

traje

le costume

vestido

la robe

vestido de casamento

la robe de mariée

terno
le costume

camisola
la chemise de nuit

pijama
le pyjama

sari
le sari

lenço de cabeça
le foulard

turbante
le turban

burca
la burqa

cafetã
le caftan

abaya
l'abaya

maiô
le maillot de bain

sunga
le maillot de bain

shorts
le short

roupa de treino
la tenue d'entraînement

avental
le tablier

luvas
les gants

botão

le bouton

óculos

les lunettes

pulseira

le bracelet

colar

le collier

anel

la bague

brinco

la boucle d'oreille

boné

le bonnet

cabide

le cintre

chapéu

le chapeau

gravata

la cravate

zíper

la fermeture éclair

capacete

le casque

suspensórios

les bretelles

uniforme escolar

l'uniforme scolaire

uniforme

l'uniforme

babador

le bavoir

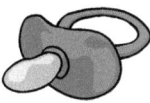

chupeta

la sucette

fralda

la lange

escritório
le bureau

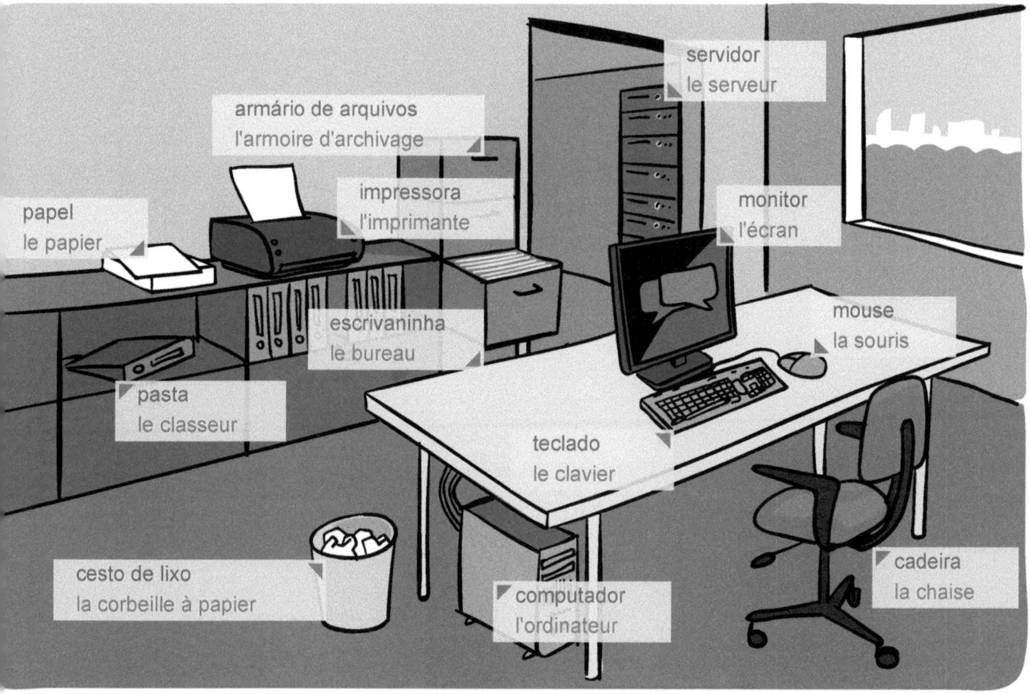

papel
le papier

armário de arquivos
l'armoire d'archivage

impressora
l'imprimante

servidor
le serveur

monitor
l'écran

escrivaninha
le bureau

mouse
la souris

pasta
le classeur

teclado
le clavier

cesto de lixo
la corbeille à papier

computador
l'ordinateur

cadeira
la chaise

xícara de café

la tasse de café

calculadora

la calculatrice

internet

l'internet

laptop

l'ordinateur portable

carta

la lettre

mensagem

le message

celular

le portable

rede

le réseau

copiadora

la photocopieuse

software

le logiciel

telefone

le téléphone

tomada

la prise

fax

le fax

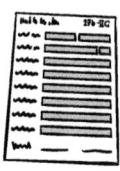

formulário

le formulaire

documento

le document

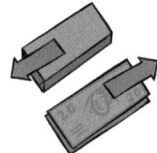

comprar

acheter

pagar

payer

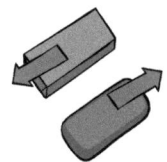

negociar

faire du commerce

dinheiro

la monnaie

 **USD**

Dólar

le dollar

EUR

Euro

l'euro

JPY

Yen

le yen

RUB

rublo

le rouble

CHF

franco suíço

le franc suisse

CNY

renminbi yuan

le renminbi yuan

INR

rupia

la roupie

caixa eletrônico

le distributeur automatique

casa de câmbio

le bureau de change

ouro

l'or

prata

l'argent

petróleo

le pétrole

energia

l'énergie

preço

le prix

contrato

le contrat

imposto

la taxe

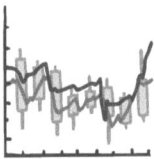

ação

l'action

trabalhar

travailler

empregado

l'employé

empregador

l'employeur

fábrica

l'usine

loja

le magasin

economia - l'économie

profissões

les professions

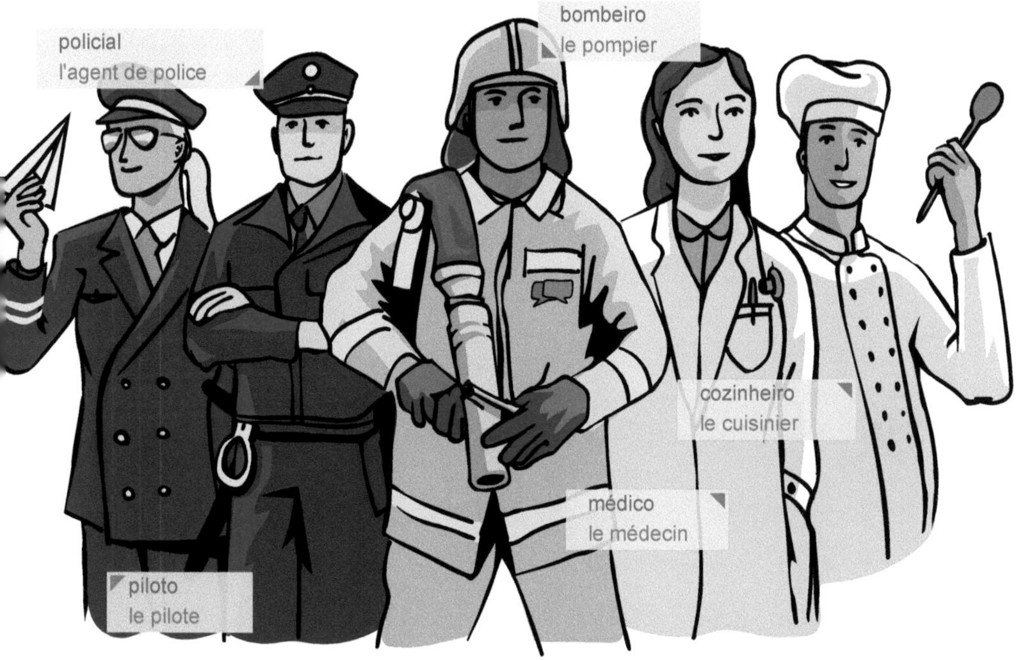
policial
l'agent de police
bombeiro
le pompier
cozinheiro
le cuisinier
médico
le médecin
piloto
le pilote

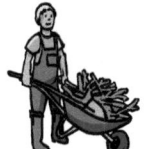

jardineiro

le jardinier

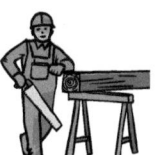

marceneiro

le menuisier

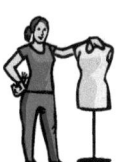

costureira

la couturière

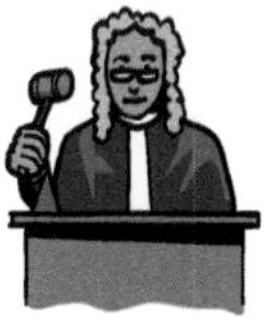

juiz

le juge

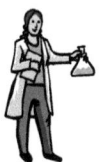

químico

le chimiste

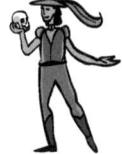

ator

l'acteur

motorista de ônibus

le conducteur de bus

motorista de táxi

le chauffeur de taxi

pescador

le pêcheur

faxineira

la femme de ménage

telhador

le couvreur

garçom

le serveur

caçador

le chasseur

pintor

le peintre

padeiro

le boulanger

eletricista

l'électricien

construtor

l'ouvrier

engenheiro

l'ingénieur

açougueiro

le boucher

encanador

le plombier

carteiro

le facteur

soldado

le soldat

arquiteto

l'architecte

caixa

le caissier

florista

le fleuriste

cabelereiro

le coiffeur

condutor

le contrôleur

mecânico

le mécanicien

capitão

le capitaine

dentista

le dentiste

cientista

le scientifique

rabino

le rabbin

imam

l'imam

monge

le moine

pastor

le prêtre

ferramentas
les outils

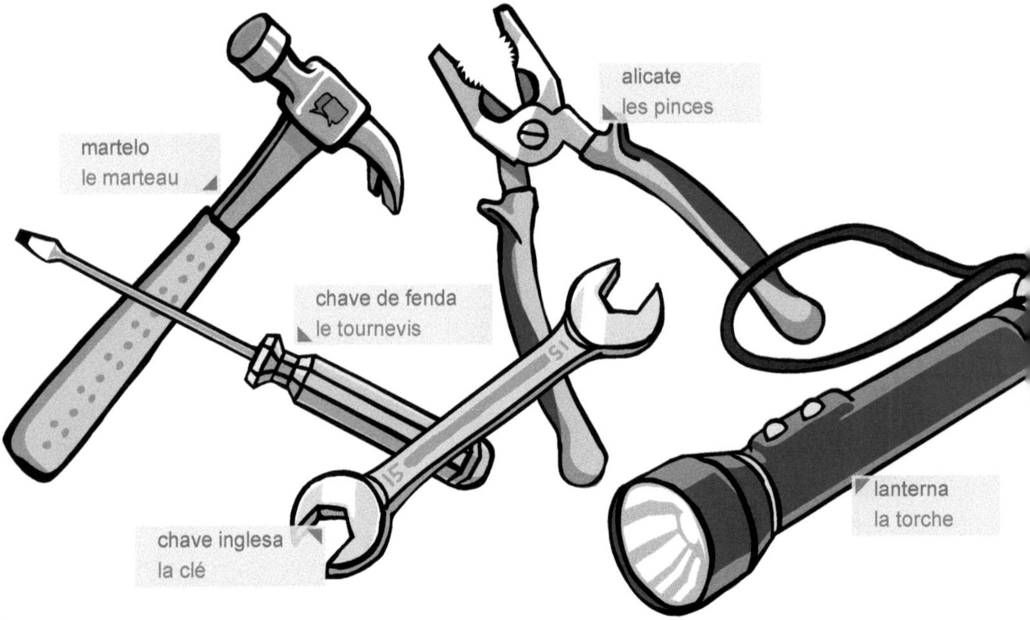
martelo
le marteau
alicate
les pinces
chave de fenda
le tournevis
chave inglesa
la clé
lanterna
la torche

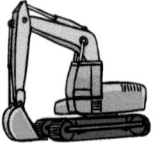

escavadora

la pelleteuse

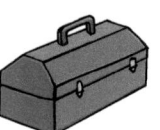

caixa de ferramentas

la boîte à outils

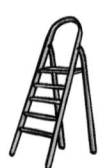

escada de mão

l'échelle

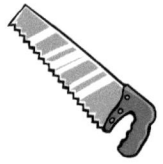

serra

la scie

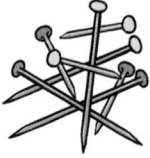

pregos

les clous

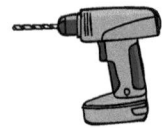

furadeira

la perceuse

consertar

réparer

pá

la pelle

Droga!

Mince !

pá de lixo

la pelle

pote de tinta

le pot de peinture

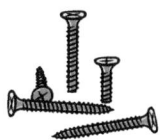

parafusos

les vis

instrumentos musicais
les instruments de musique

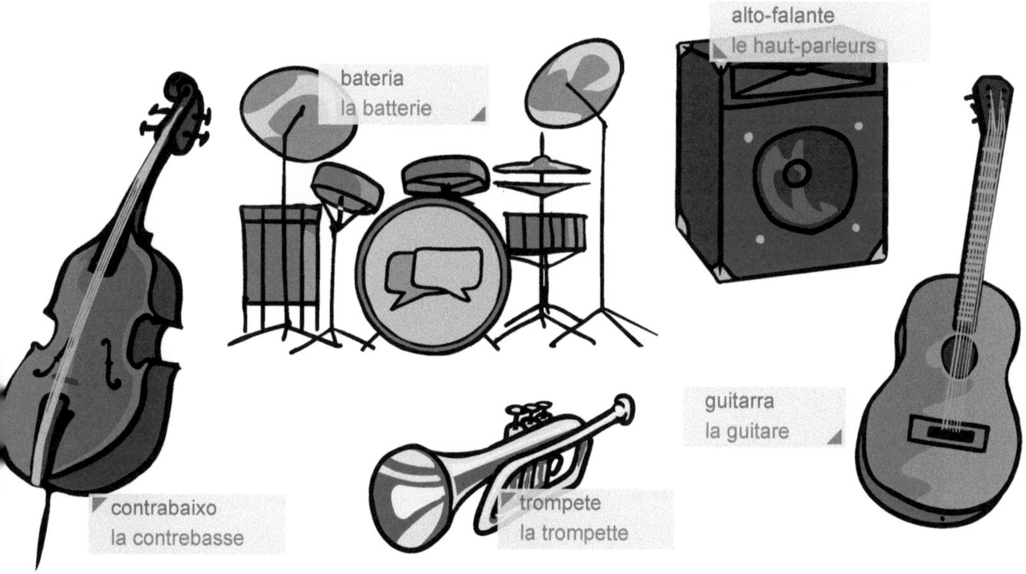

alto-falante
le haut-parleurs

bateria
la batterie

guitarra
la guitare

contrabaixo
la contrebasse

trompete
la trompette

piano

le piano

violino

le violon

baixo

la basse

timbales

les timbales

tambor

le tambour

teclado

le piano électrique

saxofone

le saxophone

flauta

la flûte

microfone

le microphone

tigre
le tigre

entrada
l'entrée

gaiola
la cage

zebra
le zèbre

ração animal
l'alimentation animale

panda
le panda

animais

les animaux

elefante

l'éléphant

canguru

le kangourou

rinoceronte

le rhinocéros

gorila

le gorille

urso

l'ours

camelo

le chameau

avestruz

l'autruche

leão

le lion

macaco

le singe

flamingo

le flamand rose

papagaio

le perroquet

urso polar

l'ours polaire

pinguim

le pingouin

tubarão

le requin

pavão

le paon

cobra

le serpent

crocodilo

le crocodile

guarda do zoológico

le gardien de zoo

foca

le phoque

jaguar

le jaguar

pônei
le poney

leopardo
le léopard

hipopótamo
l'hippopotame

girafa
la girafe

águia
l'aigle

javali
le sanglier

peixe
le poisson

tartaruga
la tortue

morsa
le morse

raposa
le renard

gazela
la gazelle

zoológico - le zoo

futebol americano
l'american Football

ciclismo
le cyclisme

tênis
le tennis

basquete
le basket-ball

natação
la natation

boxe
la boxe

hóquei no gelo
le hockey sur glace

futebol
le football

badminton
le badminton

atletismo
l'athlétisme

handebol
le handball

esqui
le ski

polo
le polo

atividades
les activités

rir
rire
pular
sauter
abraçar
embrasser
andar
marcher
cantar
chanter
sonhar
rêver
rezar
prier
beijar
faire la bise

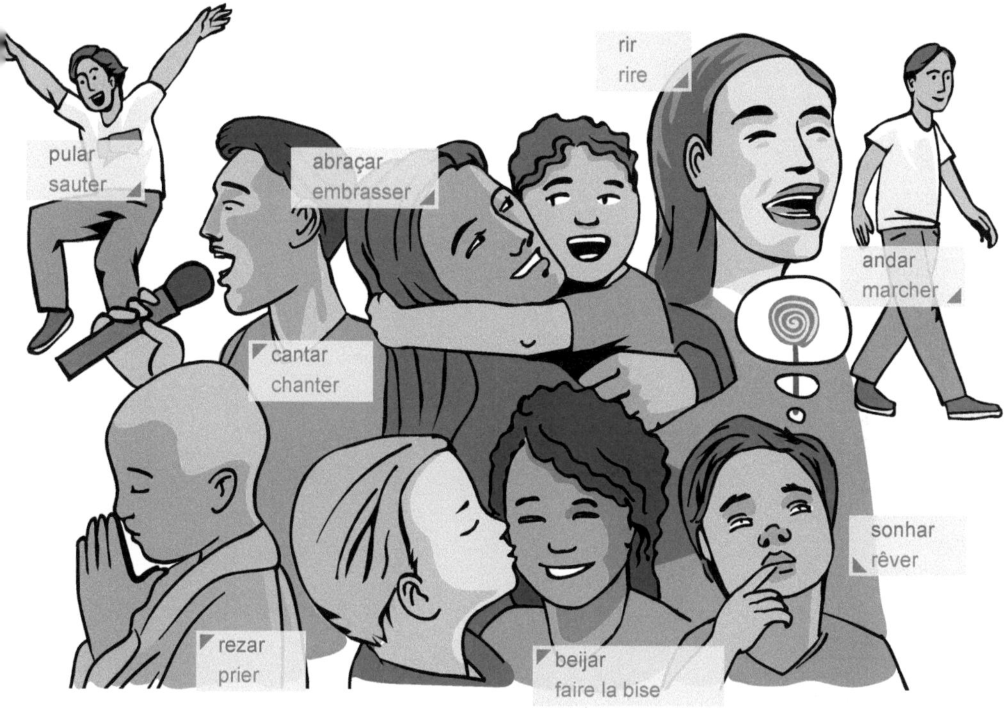

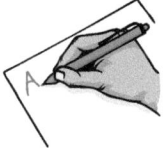

escrever

écrire

desenhar

dessiner

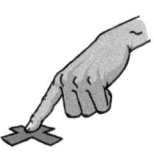

mostrar

montrer

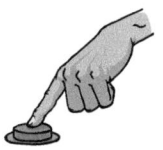

empurrar

pousser

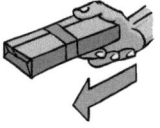

dar

donner

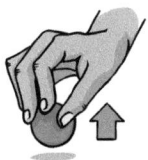

tomar

prendre

ter
avoir

fazer
faire

ser
être

ficar de pé
être debout

correr
courir

puxar
trier

jogar
jeter

cair
tomber

deitar
être couché

esperar
attendre

carregar
porter

sentar
être assis

vestir
s'habiller

dormir
dormir

despertar
se réveiller

olhar para

regarder

chorar

pleurer

acariciar

caresser

pentear

peigner

falar

parler

entender

comprendre

perguntar

demander

ouvir

écouter

beber

boire

comer

manger

arrumar

ranger

amar

aimer

cozinhar

cuire

dirigir

conduire

voar

voler

velejar

faire de la voile

calcular

calculer

ler

lire

aprender

apprendre

trabalhar

travailler

casar

se marier

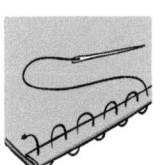

costurar

coudre

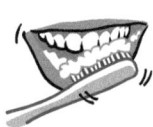

escovar os dentes

brosser les dents

matar

tuer

fumar

fumer

enviar

envoyer

família

la famille

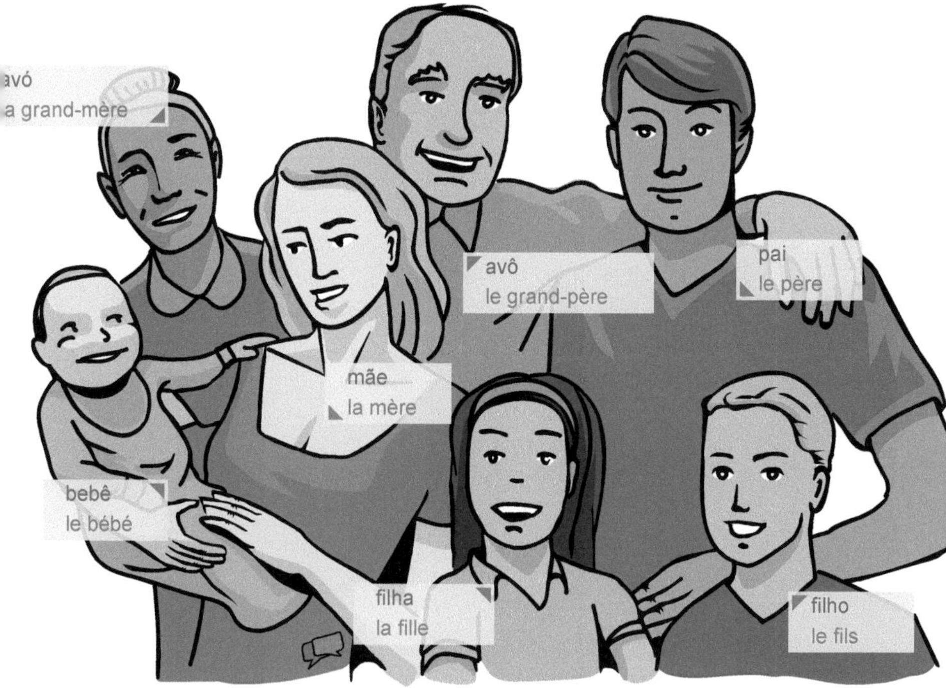
avó
a grand-mère
avô
le grand-père
pai
le père
mãe
la mère
bebê
le bébé
filha
la fille
filho
le fils

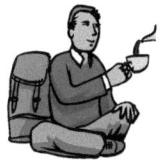

convidado

l'hôte

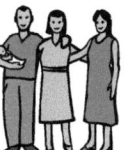

tia

la tante

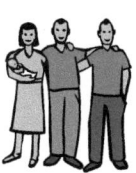

tio

l'oncle

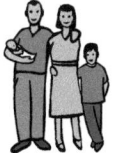

irmão

le frère

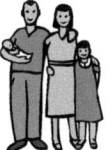

irmã

la sœur

corpo
le corps

testa
le front
olho
l'œil
ombro
l'épaule
dedo
le doigt
rosto
le visage
queixo
le menton
mão
la main
perna
la jambe
peito
la poitrine
braço
le bras

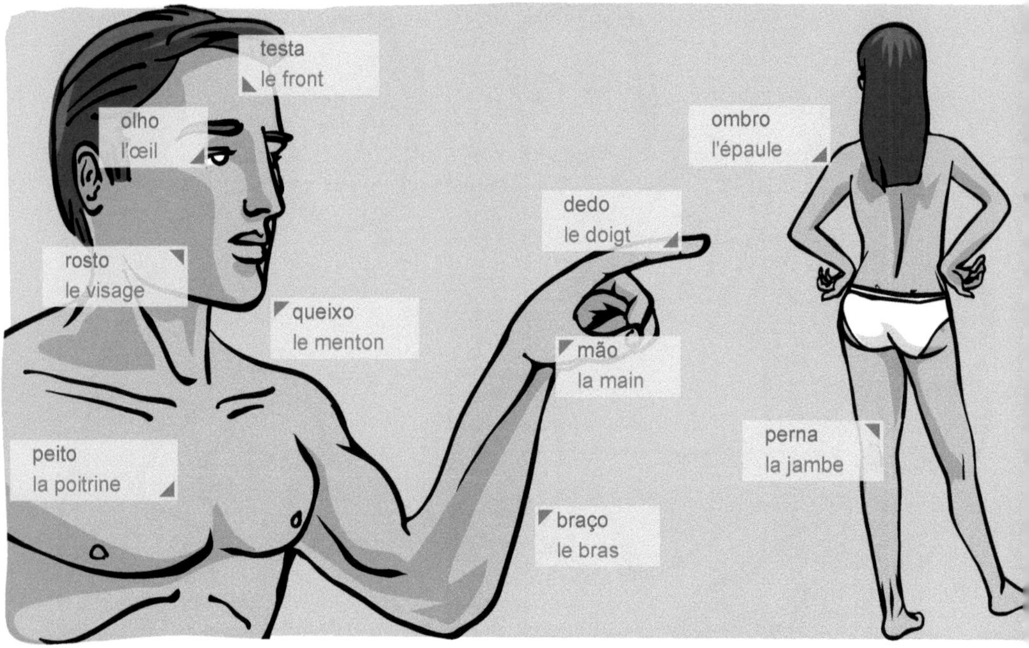

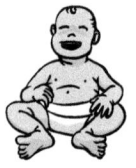

bebê

le bébé

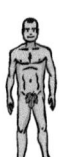

homem

l'homme

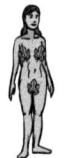

mulher

la femme

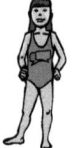

menina

la fille

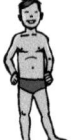

menino

le garçon

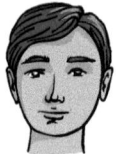

cabeça

la tête

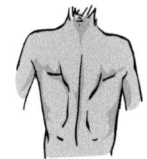

costas

le dos

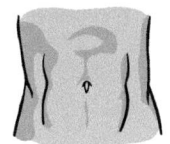

barriga

le ventre

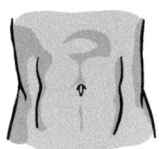

umbigo

le nombril

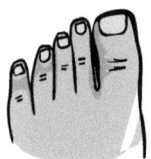

dedo do pé

l'orteil

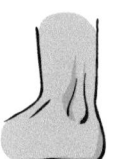

calcanhar

le talon

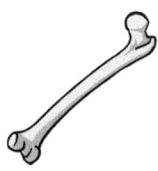

osso

l'os

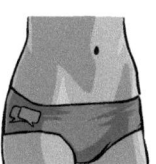

anca

la hanche

joelho

le genou

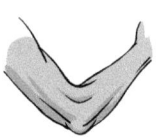

cotovelo

le coude

nariz

le nez

nádegas

les fesses

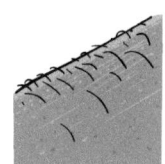

pele

la peau

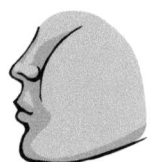

bochecha

la joue

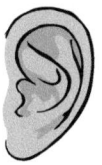

orelha

l'oreille

lábio

la lèvre

boca

la bouche

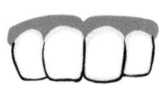

dente

la dent

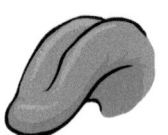

língua

la langue

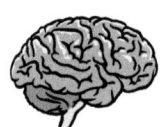

cérebro

le cerveau

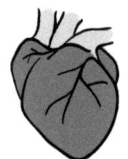

coração

le cœur

músculo

le muscle

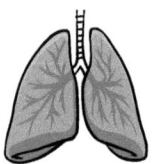

pulmão

les poumons

fígado

le foie

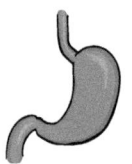

estômago

l'estomac

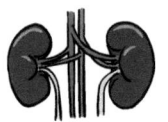

rins

les reins

relações sexuais

le rapport sexuel

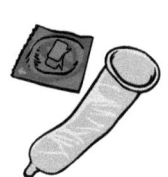

preservativo

le préservatif

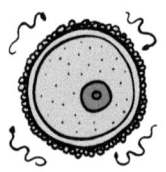

óvulo

l'ovule

esperma

le sperme

gravidez

la grossesse

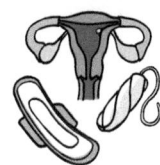

menstruação

la menstruation

vagina

le vagin

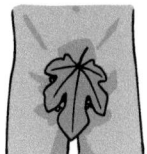

pênis

le pénis

sobrancelha

le sourcil

cabelo

les cheveux

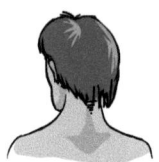

pescoço

le cou

hospital
l'hôpital

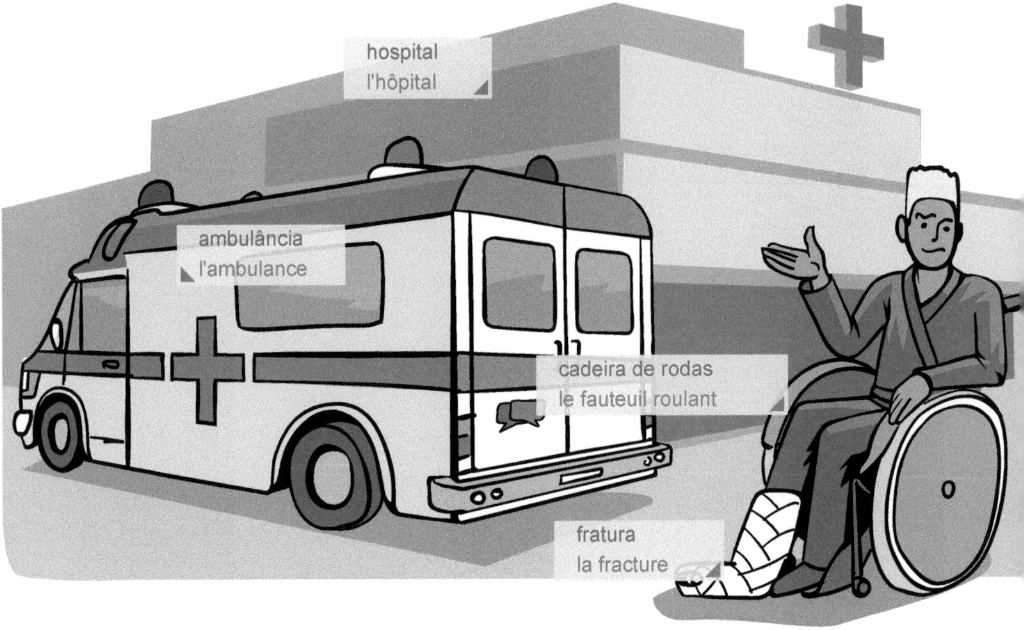

hospital
l'hôpital
ambulância
l'ambulance
cadeira de rodas
le fauteuil roulant
fratura
la fracture

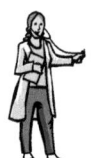

médico
le médecin

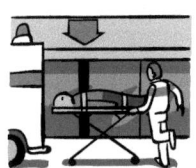

pronto-socorro
le service des urgences

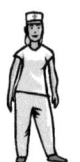

enfermeira
l'infirmière

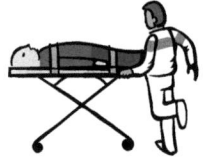

emergência
l'urgence

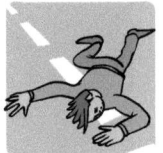

inconsciente
inconscient

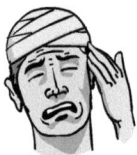

dor
la douleur

ferimento

la blessure

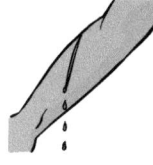

hemorragia

l'hémorragie

ataque cardíaco

la crise cardiaque

acidente vacular cerebral

l'attaque cérébrale

alergia

l'allergie

tosse

la toux

febre

la fièvre

gripe

la grippe

diarreia

la diarrhée

dor de cabeça

le mal de tête

câncer

le cancer

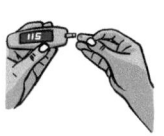

diabetes

le diabète

cirurgião

le chirurgien

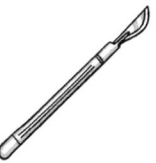

bisturi

le scalpel

operação

l'opération

CT

le CT

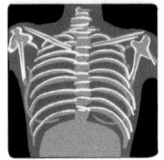

raio x

la radiographie

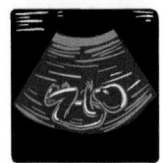

ultrassom

l'échographie

máscara

le masque

doença

la maladie

sala de espera

la salle d'attente

muleta

la béquille

bandeide

le pansement

ligadura

le pansement

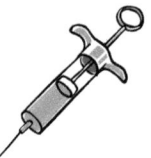

injeção

l'injection

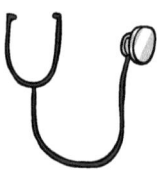

estetoscópio

le stéthoscope

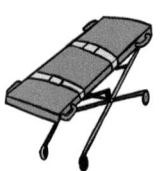

maca

le brancard

termômetro

le thermomètre

nascimento

l'accouchement

excesso de peso

la surcharge pondérale

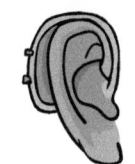

aparelho auditivo

l'appareil auditif

desinfetante

le désinfectant

infecção

l'infection

vírus

le virus

HIV / AIDS

le VIH / le sida

medicamento

le médicament

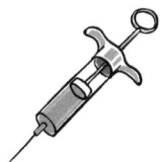

vacinação

la vaccination

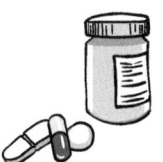

comprimidos

les comprimés

pílula

la pilule

chamada de emergência

l'appel d'urgence

dispositivo de medição de
pressão arterial

le tensiomètre

doente / saudável

malade / sain

Socorro!

Au secours !

alarme

l'alarme

assalto

l'assaut

ataque

l'attaque

perigo

le danger

saída de emergência

la sortie de secours

Fogo!

Au feu!

extintor de incêndios

l'extincteur

acidente

l'accident

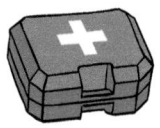

maleta de primeiros
socorros

la trousse de premier
secours

SOS

SOS

polícia

la police

Europa

l'Europe

América do Norte

l'Amérique du Nord

América do Sul

l'Amérique du Sud

África

l'Afrique

Ásia

l'Asie

Austrália

l'Australie

Atlântico

l'Océan atlantique

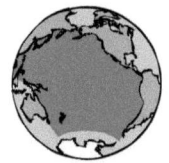

Pacífico

l'Océan pacifique

Oceano Índico

l'Océan indien

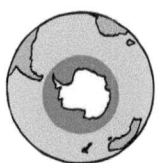

Oceano Antártico

l'Océan antarctique

Oceano Ártico

l'Océan arctique

Polo Norte

le Pôle nord

Polo Sul

le Pôle sud

Antártica

l'Antarctique

Terra

la terre

terra

le pays

mar

la mer

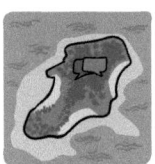

ilha

l'île

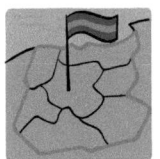

nação

la nation

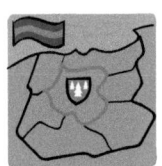

estado

l'état

mostrador do relógio

le cadran

ponteiro das horas

l'aiguille des heures

ponteiro dos minutos

l'aiguille des minutes

ponteiro dos segundos

l'aiguille des secondes

Que horas são?

Quelle heure est-il ?

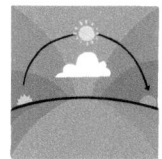

dia

le jour

tempo

le temps

agora

maintenant

relógio digital

la montre digitale

minuto

la minute

hora

l'heure

semana

la semaine

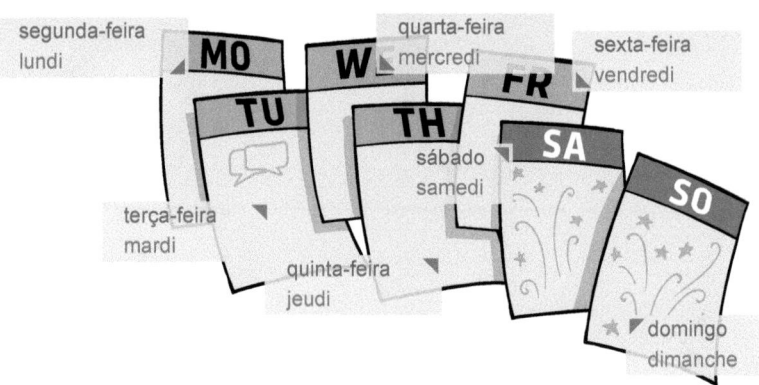

segunda-feira
lundi

quarta-feira
mercredi

sexta-feira
vendredi

terça-feira
mardi

sábado
samedi

quinta-feira
jeudi

domingo
dimanche

ontem

hier

hoje

aujourd'hui

amanhã

demain

manhã

le matin

meio-dia

le midi

entardecer

le soir

MO	TU	WE	TH	FR	SA	SU
1	2	3	4	5	6	7
8	9	10	11	12	13	14
15	16	17	18	19	20	21
22	23	24	25	26	27	28
29	30	31	1	2	3	4

dias úteis

les jours ouvrables

MO	TU	WE	TH	FR	SA	SU
1	2	3	4	5	6	7
8	9	10	11	12	13	14
15	16	17	18	19	20	21
22	23	24	25	26	27	28
29	30	31	1	2	3	4

fim de semana

le week-end

ano
l'année

chuva
la pluie
arco-íris
l'arc-en-ciel
neve
la neige
vento
le vent
primavera
le printemps
outono
l'automne
verão
l'été
inverno
l'hiver

4.APRIL 11°
5.APRIL 4°
6.APRIL 13°
7.APRIL 8°
8.APRIL 10°

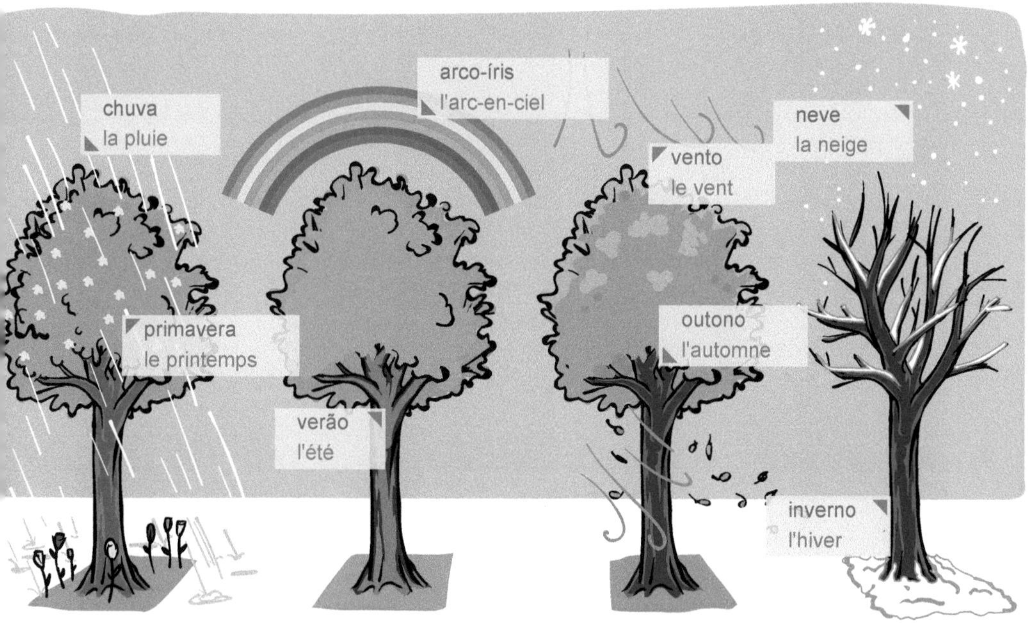

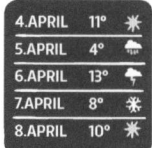

previsão do tempo

la météo

F C
120 40
90 30
60 20
30 10
0 0
-30 -10
-20

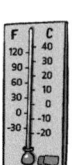

termômetro

le thermomètre

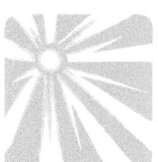

raio de sol

la lumière du soleil

nuvem

le nuage

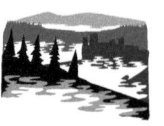

neblina / nevoeiro

le brouillard

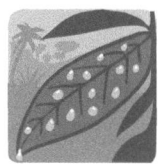

umidade do ar

l'humidité

relâmpago

la foudre

trovão

la tonnerre

tempestade

la tempête

granizo

la grêle

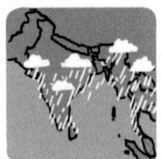

monção

la mousson

inundação

l'inondation

gelo

la glace

janeiro

janvier

fevereiro

février

março

mars

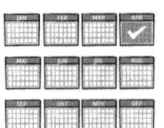

abril

avril

maio

mai

junho

juin

julho

juillet

agosto

août

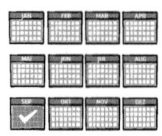

setembro

septembre

outubro

octobre

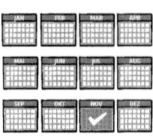

novembro

novembre

dezembro

décembre

formas

les formes

círculo

le cercle

quadrado

le carré

retângulo

le rectangle

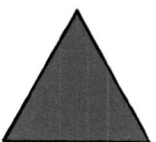

triângulo

le triangle

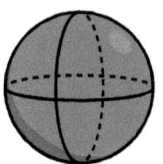

esfera

la sphère

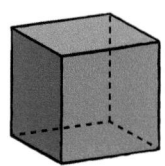

cubo

le cube

branco
blanc

amarelo
jaune

laranja
orange

rosa
rose

vermelho
rouge

lilás
violet

azul
bleu

verde
vert

marrom
marron

cinza
gris

preto
noir

muito / pouco

beaucoup / peu

furioso / tranquilo

fâché / calme

lindo / feio

joli / laid

começo / fim

le début / la fin

grande / pequeno

grand / petit

claro / escuro

clair / obscure

irmão / irmã

frère / soeur

limpo / sujo

propre / sale

completo / incompleto

complet / incomplet

dia / noite

le jour / la nuit

morto / vivo

mort / vivant

largo / estreito

large / étroit

comestível / não comestível

comestible / incomestible

mau / gentil

méchant / gentil

entusiasmado / entediado

excité / ennuyé

gordo / magro

gros / mince

primeiro / último

le premier / le dernier

amigo / inimigo

l'ami / l'ennemi

cheio / vazio

plein / vide

duro / macio

dur / souple

pesado / leve

lourd / léger

fome / sede

faim / soif

doente / saudável

malade / sain

ilegal / legal

illégal / légal

inteligente / idiota

intelligent / stupide

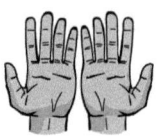

esquerda / direita

gauche / droite

perto / longe

proche / loin

novo / usado

nouveau / usé

nada / alguma coisa

rien / quelque chose

velho / jovem

vieux / jeune

ligado / desligado

marche / arrêt

aberto / fechado

ouvert / fermé

baixo / alto

faible / fort

rico / pobre

riche / pauvre

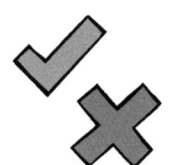

certo / errado

correct / incorrect

áspero / liso

rugueux / lisse

triste / feliz

triste / heureux

curto / longo

court / long

lento / rápido

lent / rapide

molhado / seco

mouillé / sec

ameno / fresco

chaud / froid

guerra / paz

la guerre / la paix

números

les nombres

0

zero

zéro

1

um

un / une

2

dois

deux

3

três

trois

4

quatro

quatre

5

cinco

cinq

6

seis

six

7

sete

sept

8

oito

huit

9

nove

neuf

10

dez

dix

11

onze

onze

12

doze

douze

13

treze

treize

14

quatorze

quatorze

15

quinze

quinze

16

dezesseis

seize

17

dezessete

dix-sept

18

dezoito

dix-huit

19

dezenove

dix-neuf

20

vinte

vingt

100

cem

cent

1.000

mil

mille

1.000.000

milhão

le million

idiomas

les langues

inglês

l'anglais

inglês americano

l'anglais américain

chinês mandarim

le chinois mandarin

hindi

le hindi

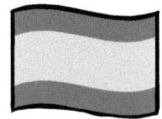

espanhol

l'espagnol

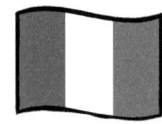

francês

le français

árabe

l'arabe

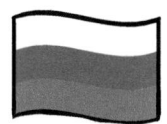

russo

le russe

português

le portugais

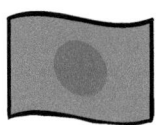

bengalês

le bengali

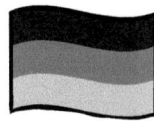

alemão

l'allemand

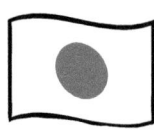

japonês

le japonais

eu

je

você

tu

ele / ela

il / elle / ce, c', cela

nós

nous

vocês

vous

eles / elas

ils / elles

quem?

Qui ?

O quê?

Quoi ?

como?

Comment ?

onde?

Où ?

Quando?

Quand ?

nome

le nom

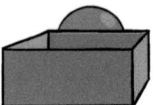

atrás

derrière

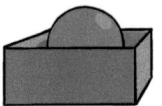

em

dans

na frente de

devant

sobre

au-dessus

em cima

sur

debaixo

en-dessous

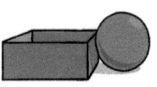

do lado

à côté de

entre

entre

lugar

le lieu